Impressum
Verlag: BABADADA GmbH, Nedderfeld 112 , 22529 Hamburg
Geschäftsführer / Verlagsleitung: Harald Hof
Druck: Books on Demand GmbH, In de Tarpen 42, 22848 Norderstedt

Imprint
Publisher: BABADADA GmbH, Nedderfeld 112 , 22529 Hamburg, Germany
Managing Director / Publishing direction: Harald Hof
Print: Books on Demand GmbH, In de Tarpen 42, 22848 Norderstedt

la salle de classe
suudu jangirdu

diviser
feccude

186/2

le tableau noir
balal binndi

la cour (de récréation)
hakkunde ekkol

le professeur
janginoowo

le papier
kaayit

écrire
windude

le stylo
kudol

le bureau
biro

la règle
reegal

le livre
deftere

l'élève
almuudo

le cartable

kartaabal

la trousse

moftirdo kereyonji

le crayon

kereyo

le taille-crayon

ceebnirgel kereyon

la gomme

momtirgel

le carnet à dessin

alluwal ciifirgal

le dessin
ciifgol

le pinceau
limsere pentirteeɗo

la boîte de peinture
suwo pentirɗo

les ciseaux
sisooji

la colle
ɗakkorgal

le cahier d'exercices
deftere ekkorgal

les devoirs
golle janŋde

12

le chiffre
niimara

2+2

additionner
ɓeydude

5-2

soustraire
ustude

2×2

multiplier
ɓeydude keeweendi

calculer
qimaade

la lettre
bataake

ABCDEFG HIJKLMN OPQRSTU VWXYZ

l'alphabet
karfeeje

le mot
kongol

le texte

bindol

lire

jangude

la craie

bindirgal

la leçon

darsu

le livre de classe

winditaade

l'examen

egsame

le certificat

sartifika

l'uniforme scolaire

comcol duɗal

la formation

janŋde

le lexique

ansikolopedi

l'université

duɗal jaaɓi haɗtirde

le microscope

mikoroskop

la carte

kartal

la corbeille à papier

suwo kurjut

l'hôtel
otel

l'auberge
obers

le bureau de change
nokku beccugol e neldugol

la valise
waxannde

la voiture
oto

la langue
········
ɗemngal

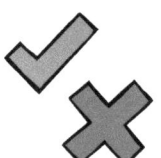

oui / non
········
Eey / ala

d'accord
········
Moyƴi

Salut
········
mbaɗɗa

l'interprète
········
pirtoowo

merci
········
A jaraama

Combien coûte...?

no foti…?

Je ne comprends pas

Mi faamaani

le problème

hanmi

Bonsoir !

Jam hiri!

Bonjour !

Jam waali!

Bonne nuit !

Mbaalen e jam!

Au revoir

ñande woɗnde

la direction

laawol

les bagages

bagaas

le sac

saawdu

le sac-à-dos

saawdu wambateendu

l'hôte

koɗo

la pièce

suudu

le sac de couchage

njegenaaw

la tente

caalel ladde

l'office de tourisme

kabaruuji tuurist

la plage

tufnde

la carte de crédit

kartal banke

le petit-déjeuner

kacitaari

le déjeuner

bottaari

le dîner

hiraande

le billet

biye

l'ascenseur

suutde

le timbre

tampon

la frontière

keerol

la douane

duwaan

l'ambassade

ambasad

le visa

wiisa

le passeport

paaspoor

le voyage - dannagol 7

l'avion
laala ndiwoowa

le navire
batoo

le véhicule de pompiers
oto pompiyeeji

le bus
biis

le camion
kamiyon

bateau à moteur
ana motoor

la bicyclette
welo

la voiture
oto

le ferry

batoo

la barque

laana

la moto

welo

la voiture de police

oto polis

la voiture de course

oto dogirteeɗo

la voiture de location

oto luwateeɗo

l'auto-partage

dendugol oto

la voiture de remorquage

oto dandoowo goɗɗo

la benne à ordures

oto kurjut

le moteur

motoor

l'essence

karbiran

la station d'essence

nokku esaans

le panneau indicateur

tintinooje yaangarta

le trafic

yaa ngarta

l'embouteillage

jiiɓo yaa ngarta

le parking

dingiral otooji

la gare

dingiral laana leydi

les rails

laabi

le train

laana leydi

le tramway

laana ndegoowa

le wagon

saret

l'hélicoptère

elikopteer

l'aéroport

ayrepoor

la tour

tuur

le passager

wonɓe e laana

le conteneur

konteneer

le carton

karton

le chariot

duñirgel kaake

la corbeille

basket

décoller / atterrir

diwde / juuraade

la ville

wuro mowngu

le village

wuro

le centre-ville

hakkunde wuru wowngo

la maison

galle

le cinéma
sinema

la publicité
kabrirgel

le réverbère
lampa laawol

CINEMA

la rue
laawol

le taxi
taksi

le piéton
yaroobe koyɗe

le kiosque
bitik ñaamdu

le trottoir
laawol yaroobe koyɗe

le passage piéton
taccirgel laawol

la poubelle
siwo kurjut

le carrefour
taccugol

les feux de circulation
kuɓɓuuje e laawol

la cabane
tiba

l'appartement
ko foti

la gare
dingiral laana leydi

la mairie
meeri

le musée
miise

l'école
duɗal

l'université

duɗal jaabi haɗtirde

la banque

banke

l'hôpital

suudu safirdu

l'hôtel

otel

la pharmacie

farmasi

le bureau

gollirgal

la librairie

suudu defte

le magasin

bitik

le fleuriste

jeyoowo fuloraaji

le supermarché

sipermarse

le marché

jeere

le grand magasin

madase mawɗo

la poissonnerie

jeyoowo liɗɗi

le centre commercial

nokku coodateeɗo

le port

poor

le parc
park

la banque
joodorgal

le pont
taccirgal

les escaliers
ŋabbirde

le métro
laawol metero

le tunnel
laawul les leydi

l'arrêt de bus
fongo biis

le bar
baar

le restaurant
restora

la boîte à lettres
buwaat postaal

le panneau indicateur
lewñowel laawol

le parcmètre
to otooji ndaroto

le zoo
nokku kullon

le réverbère
pisin

la mosquée
jama

la ferme

ngesa

la pollution

gakkingol hendu

la cimetière

bammule

l'église

egiliis

l'aire de jeux

dingiral

le temple

tampl

le paysage

yiyande taariinde

la feuille
baramlefol

le panneau indicateur
tugayal tintinirgal

le chemin
laawol

le pré
Huɗo sukkuko

la pierre
haayre

l'arbre
lekki

le randonneur
ŋayloowo

la rivière
maayo

l'herbe
huɗo

la fleur
fuloor

la vallée

nokku kaañe mawɗe to ndiyam dogata

la montagne

waande

le lac

weedu

la forêt

ladde

le désert

ladde yoornde

le volcan

wolkan

le château

satoo

l'arc-en-ciel

timtimol

le champignon

sampiñon

le palmier

leki palm

le moustique

ɓowngu

la mouche

diwde

les fourmis

njabala

l'abeille

mbuubu ñaak

l'araignée

njabala

le coléoptère

hoowoyre keppoore

la grenouille

faabru

l'écureuil

doomburu ladde

le hérisson

sammunde

le lièvre

fowru

la chouette

pubbuɓal

l'oiseau

colel

le cygne

kakeleewal ladde

le sanglier

mbabba tugal

le cerf

lella

l'élan

Nagge nde galladi cate

le barrage

baraas

l'éolienne

masiŋel battowel hendu
jeynge

le panneau solaire

Lowowel nguleeki

le climat

kilima

le serveur
carwoowo

le menu
mení

la chaise
joodorgal

la soupe
suppu

la pizza
pidsa

les couverts
gede ñaamirteede

la nappe
limsere taabal

les hors d'œuvre
tongitirgel

le plat principal
ñaamdu nguraandi

le dessert
tuftorogol

les boissons
njaram

l'alimentation
ñaamdu

la bouteille
butel

le fast-food

fast fud

les plats à emporter

ñaamdu laawol

la théière

baraade

le sucrier

cupayel suukara

la portion

geɗel

la machine à expresso

Masinŋ kafe

la chaise haute

jooɗorgal toowngal

la facture

biye

le plateau

ñorgo

le couteau

paaka

la fourchette

furset

la cuillère

kuddu

la cuillère à thé

nokkere kuddu

la serviette

sarbet

le verre

weer

l'assiette

palaat

l'assiette à soupe

palaat suppu

la soucoupe

cupayel

la sauce

soos

la salière

pot lamɗam

le moulin à poivre

moññirgal poobar

le vinaigre

bineegara

l'huile

nebam

les épices

kaaɗnooje

le ketchup

ketsap

la moutarde

muttard

la mayonnaise

mayonees

l'offre promotionnelle
ngustugul coggu

le client
kiliyaan

FOR

les produits laitiers
kosameeje

les fruits
bikkon ledde

le chariot
daasirgel

la boucherie

jeyoowo teew nagge

la boulangerie

judoowo mburu

peser

betde

les légumes

lijim

la viande

teew

les aliments surgelés

ñaamdu bumnaandu

la charcuterie

teew moftaaɗo

les conserves

ñaamdu nder buwat

la poudre à lessive

condi lawyîrteendu

les bonbons

bonboonji

les articles ménagers

geɗe ngurdaaɗe

les détergents

porodiwiiji laaɓnirni

la vendeuse

julaaajo

la caisse

haa

le caissier

kestotooɗo

la liste d'achats

limto coodateeɗi

les heures d'ouverture

waktuuji golle

le portefeuille

kalbe

la carte de crédit

kartal banke

le sac

saak

le sac en plastique

saak dalli

l'eau

ndiyam

le jus de fruit

njaram

le lait

kosam

le coca

ÿulmere

le vin

sangara

la bière

sangara

l'alcool

sangara

le chocolat chaud

kakao

le thé

ataaya

le café

kafe

l'expresso

kafe jon jooni

le cappuccino

kafe italinaaɓe

la banane

banaana

la pomme

pom

l'orange

oraas

le melon

dende

le citron.

limonŋ

la carotte

karot

l'ail

laay

le bambou

lekki bambu

l'oignon

basalle

le champignon

sampiñon

les noisettes

gerte

les pâtes

espageti

les spaghetti

espageti

le riz

maaro

la salade

salaat

les pommes frites

firit

les pommes de terre rôties

faatat cahaaɗo

la pizza

pidsa

le hamburger

amburgeer

le sandwich

sandiwis

l'escalope

buhal baddangal e lijim

le jambon

buhal teew

le salami

kaane biyeteeɗo sosison

la saucisse

sosis

le poulet

gertogal

le rôti

defaɗum

le poisson

liingu

les flocons d'avoine

ndefu gabbe kuwakeer

le muesli

njilbundi aɓuwaan e gabbe goɗɗe

les cornflakes

kornfelek

la farine

farin

le croissant

kurwasa

les petits-pains

pe o le

le pain

mburu

le pain grillé

mburu juɗaaɗo

les biscuits

mbiskit

le beurre

nebam boor

le fromage blanc

kosam kaaɗɗam

le gâteau

gato

l'œuf

ɓoccoonde

l'œuf au plat

moccoonde fasnaande

le fromage

foromaas

la glace

kerem galaas

le sucre

suukara

le miel

njuumri

la confiture

teew nagge

la crème nougat

nirkugol sokkola

le curry

suppu kaane

la ferme
galle nder ngesa

la botte de paille
mahande huɗo

la grange
cukalel

le champ
ngesa

le cheval
puccu

la remorque
reemorki

le poulain
molu

le tracteur
tarakteer

l'âne
mbabba

le mouton
mbaalu

l'agneau
jawgel

la chèvre

ndamdi

la vache

nagge

le veau

mbeewa

le porc

mbabba tugal

le porcelet

bingel mbabba tugal

le taureau

ngaari ladde

l'oie

jarlal ladde

le canard

gerlal

le poussin

cofel

la poule

jarlal

le coq

ngori

le rat

doomburu

le chat

ullundu

la souris

doomburu

le bœuf

nagge

le chien

rawaandu

le chenil

nokku dawaaɗi

le tuyau de jardin

tiwo sardin

l'arrosoir

doosirgal

la faucheuse

wofdu mawndu

la charrue

masinŋ demoowo

la faucille

wofdu

la pioche

coppirgal

la fourche

rato

la hache

hakkunde

la brouette

buruwet

la cuve

mbalka

le pot à lait

kosam buwat

le sac

saak

la clôture

kalasal galle

l'étable

nokku pucci

le serre

inexistant

le sol

leydi

les semences

abbere

l'engrais

nguurtinooje leydi

la moissonneuse-batteuse

masinŋ coñirteeɗo

récolter

soñde

la récolte

soñde

l'igname

ñambi

le blé

bele

le soja

soja

la pomme de terre

faatat

le maïs

maka

le colza

abbere lekki kolsa

l'arbre fruitier

lekki firwiiji

le manioc

ñambi

les céréales

sereyaal

la cheminée
jaltinirgal cuurki

le toit
dow huɓeere

la gouttière
tiwo diyƴe

la fenêtre
falanteere

le garage
gaaraas

la sonnette
tintinirgel damal

la porte
damal

la poubelle
siwo kurjut

la boîte aux lettres
Saawdu bataakuuji

le jardin
sardin

le salon

suudu yeewtere

la salle de bain

tarodde

la cuisine

waañ

la chambre à coucher

suudu waalduru

la chambre d'enfant

suudu sakaaɓe

la salle à manger

suudu hiraande

le sol

karawal

le mur

ɓalal

le plafond

asamaan suudu

la cave

faawru

le sauna

soona e ɗemngal farase

le balcon

balko

la terrasse

teeraas

la piscine

pisin

la tondeuse à gazon

keefoowo huɗo

la housse

darap

la couette

darap

le lit

leeso

le balai

pittirgal

le sceau

suwo

l'interrupteur

ñifirgel

le papier peint
nataal

l'image
nataal

la lampe
lampa

l'étagère
etaseer

l'armoire
bahe

la cheminée
jaltinirgel cuurki

la télé
tele

la fleur
fuloor

le coussin
njegenaaw

le sofa
fotooy

le vase
ciwirgal njaram

la télécommande
deengol ko woɗɗi

le tapis

tappi

le rideau

rido

la table

taabal

la chaise

jooɗorgal

la chaise à bascule

jooɗorgal timmungal

le fauteuil

jooɗorgal tuggateengal

le livre

deftere

la couverture

cuddirgal

la décoration

jooɗnugol

le bois de chauffage

ledɗe kuɓɓateeɗe

le film

filmo

la chaîne hi-fi

materiyel hi-fi

la clé

coktirgal

le journal

kaayit kabaruuji

la peinture

pentirgol

le poster

posteer

la radio

rajo

le bloc-notes

teskorgel

l'aspirateur

ɓoɗowel pusiyeer

le cactus

kaktis

la bougie

sondel

le réfrigérateur
buubnirgal

le four à micro-ondes
fuur kuura

la balance de cuisine
peesirgal waañ

le grille-pain
cahirteengel

le détergent
laawyîrgel

le four
fuur

le compartiment congélateur
konselateer

la poubelle
siwo kurjut

le lave-vaisselle
lawyîrgel kaake

le four

fuurno

la casserole

pot

la marmite

barme

le wok / kadai

kasorol

la poêle

kasorol

la bouilloire electrique

satalla

le cuiseur vapeur

suppere defirteende

la plaque de cuisson

pool defirteeɗo

la vaisselle

lawyŭgol kaake

le gobelet

pot jarduɗo

la coupe

suppeere

les baguettes

ñiɓirgon ñaamdu

la louche

kuddu luus

la spatule

kayit ɗakirteeɗo

le fouet

iirtude

la passoire

ceɗirgel

le tamis

tame

la râpe

keefirgel

le mortier

moññirgal

le barbecue

juɗgol

la cheminée

jeyngol e henndu

la planche à découper

coppirgal

le rouleau à pâtisserie

degnirgel ñaamdu
feewnateendu

le tire-bouchon

udditirgel butel

la boîte

buwaat

l'ouvre-boîte

udditirgel buwat

les maniques

nangirgel pot

le lavabo

siimtude

la brosse

boros

l'éponge

eppoos

le mixeur

jiibirgel

le congélateur

battowel galaas

le biberon

jardugel tiggu

le robinet

robine

la douche
lootogol

le chauffage
gulnirgel suudo

la serviette
momtirgel

le rideau de douche
birnirgel lootorgal

le bain moussant
lootogol e ngufu

la baignoire
ngaska ɓuftorteengo

le verre
weer

la machine à laver
masinŋ lootnoowo

le robinet
robine

le carrelage
kette senge

le pot
potsamburu

le lavabo
siimtude

les toilettes

taarorde

la toilette à la turque

jodorgal kuwirteengal

le bidet

biisirgel ndiyam

l'urinoir

taarodde

le papier toilette

kaayit momtirdo

la brosse à toilette

boros taarorde

la brosse à dents

coccorgal ƴiiye

le dentifrice

sabunde ƴiiye

le fil dentaire

gaarowol ñiire

laver

lawƴude

la douche manuelle

ɓoggol lootirteengol

la douche intime

ɓuftogol

la vasque

loowirteengel

la brosse dorsale

demirgel huɗo

le savon

sabunnde

le gel douche

saabunde ɓuftorteende

le shampooing

sampoye

le gant de toilette

limsere wiro

l'écoulement

ciiygol

la crème

kerem

le déodorant

uurnirgel

le miroir

daandorgal

le miroir cosmétique

daandorgal pamoral

le rasoir

pembirgel

la mousse à raser

ngufu pembol

l'après-rasage

moomiteengel pembol

la peigne

yeesoode

la brosse

boros

le sèche-cheveux

joornirgel sukunndu

la laque pour cheveux

peewnirgel sukunndu

le fond de teint

makiyaas

le rouge à lèvres

joodirgel toni

le vernis à ongles

momtirgel cegeneeji

l'ouate

garowol wiro

le coupe-ongles

siso cegeneeji

le parfum

parfon

la trousse de toilette

waxande lootorgal

le tabouret

kuudi

le pèse-personne

peesirgal

le peignoir

wutte cuftorteeɗo

les gants de nettoyage

gaɲuuji dalli

le tampon

momtirer ɲiiɲam ella

les serviettes hygiéniques

kuus tiggu

la toilette chimique

lootogol simik

la chambre d'enfant
suudu sakaaɓe

le réveil
pindinirgel

le doudou
kullel fijirde

la voiture jouet
oto pijirgel

le hochet
dillere

la maison de poupée
galle pijirgel

le cadeau
hannde

le ballon

sumalle dalli

le lit

leeso

la poussette

duñirgel tiggu

le jeu de cartes

nokkere karte

le puzzle

fijirde lombondirgol

la bande dessinée

njalniika

les pièces lego

pijirgel tuufeeje

les blocs de construction

tuufeeje

la figurine

pijirgel

la grenouillère

comcol tiggu

le frisbee

palaat diwwoow

le mobile

noddirgel

le jeu de société

pijirgel

le dé

dee

le train miniature

ñemtinirgel laana ndegoowa

la sucette

neɗɗo fuuunti

la fête

fijirde

le livre d'images

deftere nate

la balle

bal

la poupée

puppe

jouer

fijde

le bac à sable

mbalka ceenal

la balançoire

beeltirgal

les jouets

pijirgel

la console de jeu

pijiteengel see widewo

le tricycle

welo biifi tati

l'ours en peluche

pijirgel kullel urs

l'armoire

armuwaar

les vêtements

comcol

les chaussettes

kawase

les bas

kawase

le collant

tuubayon ɓittukon

l'écharpe
musuuro

la ceinture
dadorde

le parapluie
paraseewal

le t-shirt
tiset

les bottes
pade toowɗe

les pantoufles
pade suudu

les baskets
pade bokkateeɗe

les sandales
paɗe diwa

les chaussures
paɗe

les bottes de caoutchouc
paɗɗe toowɗe lirotooɗe

les sous-vêtements
cakkirɗi

le soutien-gorge
sucengors

le maillot de corps
silet

le body
....
banndu

le pantalon
....
tuuba

le jean
....
jiin

la jupe
....
robbo

le chemisier
....
buluson

la chemise
....
simis

le pull
....
piliweer

le sweat à capuche
....
weste nebbu

la veste
....
layset

la veste
....
jaget

le manteau
....
weste juuɗɗo

l'imperméable
....
wutte tobo

le costume
....
kostim

la robe
....
robbo

la robe de mariée
....
robbo yange

le costume

weste

la chemise de nuit

wutte baalduɗo

le pyjama

pijama

le sari

sari

le foulard

muusooro

le turban

kaala

la burqa

kaala

le caftan

sabndoor

l'abaya

abbaay

le maillot de bain

comcol lumbirogol

le maillot de bain

cakkirɗi

le short

kilot

la tenue d'entraînement

joogin

le tablier

limsere deffowo

les gants

gaɲuuji

le bouton

boɗɗirgel

les lunettes

lone

le bracelet

jawo

le collier

cakka

la bague

feggere

la boucle d'oreille

hootonde

le bonnet

laafa

le cintre

liggirgal weste

le chapeau

laafa

la cravate

karawat

la fermeture éclair

zip

le casque

laafa ndeenka

les bretelles

ganŋ

l'uniforme scolaire

comcol duɗal

l'uniforme

iniform

le bavoir

sarbetel daande

la sucette

neɗɗo fuuunti

la lange

kuus

le bureau
gollirgal

le serveur
serveer

l'armoire d'archivage
baxane doodiyeeji

l'imprimante
jaltinirgel kaayit

l'écran
ekaran

le papier
kaayit

la souris
suuri

le bureau
biro

le classeur
caawiirgel doosiyeeji

le clavier
tappirde

la corbeille à papier
suwo kurjut

la chaise
jooɗorgal

l'ordinateur
ordinateer

la tasse de café

kuppu kafe

la calculatrice

qiimorgal

l'internet

enternet

l'ordinateur portable

ordinateer beelnateeɗo

la lettre

bataake

le message

bataake

le portable

noddirgel

le réseau

reso

la photocopieuse

cottitirgel

le logiciel

losisiyel

le téléphone

noddirgel

la prise

ceŋirgel ɓoggol kuura

le fax

masinŋ faks

le formulaire

mbaadi

le document

dokiman

acheter

soodde

payer

sooɗde

faire du commerce

yeyde

la monnaie

kaalis

le dollar

dolaar

l'euro

eroo

le yen

yen

le rouble

ruubal

le franc suisse

faran Siwis

le renminbi yuan

yuwaan renminbi

la roupie

rupii

le distributeur automatique

masinŋ keestorɗo kaalis

le bureau de change

nokku beccugol e neldugol

l'or

kanŋe

l'argent

kaalis

le pétrole

esaans

l'énergie

sembe

le prix

coggu

le contrat

kontara

la taxe

taks

l'action

marsandiss moftaaɗo

travailler

gollude

l'employé

gollinteeɗo

l'employeur

gollinoowo

l'usine

isin

le magasin

bitik

l'agent de police
dadiiɗo

le pompier
ñifoobe jeyle

le cuisinier
defoowo

le médecin
cafroowo

le pilote
pilot

le jardinier

toppitiiɗo sardin

le menuisier

minise

la couturière

ñootoowo

le juge

ñaawoowo

le chimiste

simist e ɗemngal farayse

l'acteur

aktoor

le conducteur de bus

dognoowo biis

le chauffeur de taxi

dognoowo taksi

le pêcheur

gawoowo

la femme de ménage

pittoowo

le couvreur

cengirɗe huɓeere

le serveur

carwoowo

le chasseur

daddoowo

le peintre

pentiroowo

le boulanger

piyoowo mburu

l'électricien

gollowo kuura

l'ouvrier

mahoowo

l'ingénieur

enseñeer

le boucher

jeyoowo teew keso

le plombier

polombiyer

le facteur

nawoowo ɓatakuuji

le soldat

kooninke

l'architecte

diidoowo ɓahanteeri

le caissier

kestotooɗo

le fleuriste

jeyoowo fuloraaji

le coiffeur

mooroowo

le contrôleur

dognoowo

le mécanicien

mekanisiyenŋ

le capitaine

kapiteen

le dentiste

cafroowo ƴiiƴe

le scientifique

miijotooɗo

le rabbin

kellifaaɗo diine to israayel

l'imam

imaam

le moine

muwaan e e ɗemngal farayse

le prêtre

kellifaaɗo diine heerereeɓe

le marteau
marto

les pinces
ñoyƴirgel

le tournevis
biisrgel

la clé
kele

la torche
bawɗi biyeteeɗi t

la pelleteuse

pikku

la boîte à outils

baxanel kaɓorɗe

l'échelle

ŋabbirgal

la scie

tayirgal

les clous

ƴibirɗe

la perceuse

julirgal

réparer

fewnitde

la pelle

nokkirgel

Mince !

Soo!

la pelle

boftirgel kurjut

le pot de peinture

pot penttiir

les vis

wiisuuji

les instruments de musique

kongirgon misik

le haut-parleurs
nantinooji

la batterie
kongateeɗe

la guitare
hoddu

la contrebasse
duubl baas

la trompette
liital

le piano

piayaano

le violon

wiyolon

la basse

baas

les timbales

bowɗi biyeteeɗi timpani

le tambour

bawɗi

le piano électrique

tappirgal

le saxophone

saksofoon

la flûte

nguurdu

le microphone

mikoro

le tigre
cewngu jaawlal

l'entrée
naatirgal

la cage
suudu kullal

le zèbre
puccu ladde

l'alimentation animale
ñamdu jawdi

le panda
panda

les animaux

kulle

l'éléphant

ñiiwa

le kangourou

kanguru

le rhinocéros

rinoseros

le gorille

waandu mowndu

l'ours

urs

le chameau

ngelooba

l'autruche

sundu ɓurndu mownude

le lion

mbaroodi

le singe

waandu

le flamand rose

ñaaral pural

le perroquet

seku

l'ours polaire

urso galaas

le pingouin

liingu wiyeteendu penguwe

le requin

lingu reke

le paon

ndiwri wiyeteendu pawon

le serpent

laadoori

le crocodile

nooro

le gardien de zoo

deenoowo zoo

le phoque

togoori ndiyam wiyeteendu
fok e farayse

le jaguar

cewngu

le poney

molu

le léopard

cewngu

l'hippopotame

ngabu

la girafe

njabala

l'aigle

ciilal

le sanglier

mbabba tugal

le poisson

liingu

la tortue

heende

le morse

kullal biyeteengal morse

le renard

renaar

la gazelle

lella

l'american Football
Fuggukoyngel Amerknaaɓe

le cyclisme
dognugol welo

le tennis
tenis

le basket-ball
beysbol

la natation
lumbagol

la boxe
boks

le hockey sur glace
fuggukoyngel e galaas

le football
Fuggukoyngel

le badminton
badminton

l'athlétisme
atelettuuji

le handball
hanbol

le ski
fijirɗe deggol e nees

le polo
polo

rire
jalde

sauter
diwde

embrasser
buucaade

marcher
yaade

chanter
yimde

rêver
hoyɗitaade

prier
juulde

faire la bise
buucaade

écrire
windude

dessiner
siifde

montrer
hollude

pousser
duñde

donner
rokkude

prendre
ƴettude

avoir

deñde

faire

wadde

être

wonde

être debout

ummaade

courir

dogde

trier

foodde

jeter

weddaade

tomber

yande

être couché

fende

attendre

sabbaade

porter

roondaade

être assis

joodaade

s'habiller

ɓoornaade

dormir

ɗaanaade

se réveiller

finde

regarder

ƴeewde

pleurer

woyde

caresser

helde

peigner

yeesaade

parler

haalde

comprendre

faamde

demander

naamnaade

écouter

heɗaade

boire

yarde

manger

ñaamde

ranger

hawrinde

aimer

yiɗde

cuire

defde

conduire

dognude

voler

diwde

faire de la voile

awyũde

calculer

qimaade

lire

jangude

apprendre

jangude

travailler

gollude

se marier

resde

coudre

ñootde

brosser les dents

soccaade ɲiiɲe

tuer

warde

fumer

simmaade

envoyer

neldude

grand-mère
niiraaɗo debbo

le grand-père
taaniraaɗo gorko

le père
baabiraaɗo

la mère
yummiraaɗo

le bébé
tiggu

la fille
biɗɗo debbo

le fils
biɗɗo gorko

l'hôte

koɗo

la tante

goggiraaɗo

l'oncle

kaawiraaɗo

le frère

mowniraaɗo gorko

la sœur

mowniraaɗo debbo

le front
tiinde

l'œil
yiitere

l'épaule
walabo

le doigt
feɗendu

le visage
yeeso

le menton
waare

la main
jungo

la poitrine
endu

la jambe
koyngal

le bras
jungo

le bébé

tiggu

l'homme

gorko

la femme

debbo

la fille

deftere kongoli

le garçon

suka gorko

la tête

hoore

le dos

keeci

le ventre

reedu

le nombril

wuddu

l'orteil

feɗendu koyngal

le talon

jabborgal

l'os

ƴiyal

la hanche

rotere

le genou

hofru

le coude

salndu junngu

le nez

hinere

les fesses

dote

la peau

nguru

la joue

aɓɓulo

l'oreille

nofru

la lèvre

tonndu

la bouche

hunuko

la dent

ñiire

la langue

ɗemngal

le cerveau

ngaandi

le cœur

ɓernde

le muscle

ƴiyal

les poumons

wecco

le foie

heeñere

l'estomac

estoma

les reins

tekteki mawni

le rapport sexuel

terɗe

le préservatif

laafa ndeenka

l'ovule

ɓoccoonde maniya

le sperme

maniya

la grossesse

reedu

la menstruation

yiiȳam ella

le vagin

farja

le pénis

kaake

le sourcil

leeɓi dow yiitere

les cheveux

sukunndu

le cou

daande

l'hôpital
suudu safirdu

l'ambulance
ambilans

le fauteuil roulant
jooɗorgal degowal

la fracture
kelal

le médecin
cafroowo

le service des urgences
suudo irsaans

l'infirmière
cafroowo

l'urgence
irsaans

inconscient
paɗɗiiɗo

la douleur
muuseeki

la blessure
....
gaañande

l'hémorragie
....
tuyƴude

la crise cardiaque
....
ɓernde dartiinde

l'attaque cérébrale
....
darogol ɓernde

l'allergie
....
alersi

la toux
....
ɗojjugol

la fièvre
....
nguleeki ɓandu

la grippe
....
maɓɓo

la diarrhée
....
reedu dogooru

le mal de tête
....
muuseeki hoore

le cancer
....
kanser

le diabète
....
jabet

le chirurgien
....
operasiyon

le scalpel
....
ceekirgel

l'opération
....
operasiyon

le CT
CT

la radiographie
reyon-x

l'échographie
iltarason

le masque
mask yeeso

la maladie
ñaw

la salle d'attente
suudu sabbordu

la béquille
sawru tuggorgal

le pansement
palatar

le pansement
bandaas

l'injection
pikkitagol

le stéthoscope
keɗirgel dille ɓandu

le brancard
balankaaru

le thermomètre
betirgel nguleeki banndu

l'accouchement
jibinegol

la surcharge pondérale
ɓandu ɓurtundu

l'appareil auditif

ballotirgel nonooje

le désinfectant

desefektan

l'infection

infeksiyon

le virus

viris

le VIH / le sida

HIV / SIDA

le médicament

safaara

la vaccination

ñakko

les comprimés

tabletuuji

la pilule

foɗɗere

l'appel d'urgence

noddaango heñoraango

le tensiomètre

betirgel dogdu ƴiiƴam

malade / sain

sellaani / salli

Au secours !

Paaboɗe!

l'alarme

tintinirgel

l'assaut

jangol

l'attaque

yande e

le danger

musiiba

la sortie de secours

damal dandirgal

Au feu!

Paaboɗe!

l'extincteur

ñifirgel jeynge

l'accident

aksida

la trousse de premier
secours

geɗe cafrorɗe gadane

SOS

BALLAL

la police

Polis

l'Europe

Erop

l'Amérique du Nord

Amerik to Rewo

l'Amérique du Sud

Amerik to Worgo

l'Afrique

Afiriki

l'Asie

Asi

l'Australie

Ostarali

l'Océan atlantique

Atalantik

l'Océan pacifique

Pasifik

l'Océan indien

Oseyan Enje

l'Océan antarctique

Oseyan Antarktik

l'Océan arctique

Osean Arkatik

le Pôle nord

Bange Rewo

le Pôle sud

Bange Worgo

l'Antarctique

Antarktik

la terre

Leydi

le pays

leydi

la mer

maayo mawngo

l'île

wuro nder ndiyam

la nation

leydi

l'état

jamaanu

le cadran

yeeso montoor

l'aiguille des heures

misalel waqtu

l'aiguille des minutes

misalel hojomaaji

l'aiguille des secondes

misalel majanɗe

Quelle heure est-il ?

Hol waqtu jonɗo?

le jour

ñalawma

le temps

saha

maintenant

jooni

la montre digitale

montoor disitaal

la minute

hojom

l'heure

waqtu

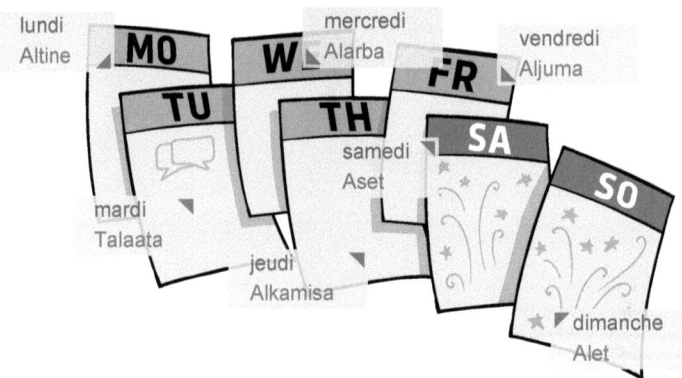

lundi
Altine

mercredi
Alarba

vendredi
Aljuma

samedi
Aset

mardi
Talaata

jeudi
Alkamisa

dimanche
Alet

hier

hanki

aujourd'hui

hande

demain

jango

le matin

subaka

le midi

beetawe

le soir

kikiiɗe

les jours ouvrables

ñalawmaaji golle

le week-end

ñalamaaji fooftere

la pluie
tobo

l'arc-en-ciel
timtimol

le vent
hendu

la neige
nees

le printemps
caggal dabbunde

l'automne
dabbunde

l'été
ndungu

l'hiver
dabbunde

la météo

kabrugol geɗe weeyo

le thermomètre

betirgal nguleeki

la lumière du soleil

nguleeki naange

le nuage

duulal

le brouillard

niɓɓere niwri

l'humidité

ɓuuɓol

la foudre

majaango

la tonnerre

gidango

la tempête

hendu yaduungo e gidaali

la grêle

toɓo mawngo

la mousson

keneeli mawɗi

l'inondation

toɓo yooloongo

la glace

galaas

janvier

Janwiye

février

Feeviriye

mars

Mars

avril

Awril

mai

Me

juin

Suwe

juillet

Suliye

août

Ut

septembre

Setanbar

octobre

Oktobar

novembre

Noowambar

décembre

Desambar

les formes
Mbaadi

le cercle

taariɗum

le carré

bangeeji potɗi

le rectangle

rektangal

le triangle

tiriyangal

la sphère

esfeer

le cube

kib

blanc

deneejo

jaune

puro

orange

oraas

rose

roos

rouge

boɗeejo

violet

yolet

bleu

bulaajo

vert

werte

marron

baka

gris

giri

noir

ɓaleejo

beaucoup / peu

heewi / famɗi

fâché / calme

mittinɗo / deeyɗo

joli / laid

yooɗi / soofi

le début / la fin

fuɗɗorde / gasirde

grand / petit

mawni / famɗi

clair / obscure

leeri / ɗibbiɗi

frère / soeur

mawniraaɗo gorko / debbo

propre / sale

laaɓi / tulmi

complet / incomplet

timmi / manki

le jour / la nuit

ñalawma / jamma

mort / vivant

mayi / wuuri

large / étroit

yaaji / bitti

comestible / incomestible

ñaame / ñaametaake

méchant / gentil

bonɗum / moyƴi

excité / ennuyé

weelti / deeyi

gros / mince

ɓutto / cewɗo

le premier / le dernier

gadiiɗo / cakkitiiɗo

l'ami / l'ennemi

sehil / gaño

plein / vide

heewi / ɓolɗi

dur / souple

tiiɗi / hoyi

lourd / léger

teddi / hoyi

faim / soif

heege / ɗomka

malade / sain

sellaani / salli

illégal / légal

dagaaki / dagi

intelligent / stupide

ƴoyi / ƴiƴaani

gauche / droite

ñaamo / nano

proche / loin

ɓadi / woɗɗi

nouveau / usé

keso / kiiɗɗo

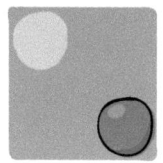

rien / quelque chose

haydara / huunde

vieux / jeune

nayeeji / suka

marche / arrêt

ne heen / ala heen

ouvert / fermé

uddidi / uddi

faible / fort

deeŷi / dilla

riche / pauvre

galo / baasɗo

correct / incorrect

feewi / feewaani

rugueux / lisse

tekki / ɗaati

triste / heureux

suni / weelti

court / long

dabbo / jutɗo

lent / rapide

leeli / yaawi

mouillé / sec

leppi / yoori

chaud / froid

wuli / buubi

la guerre / la paix

hare / jam

les oppositions - ceertuɗe

limorɗe

0

zéro

meere

1

un / une

goo

2

deux

ɗiɗi

3

trois

tati

4

quatre

nay

5

cinq

joy

6

six

jeegom

7

sept

seeɗiɗi

8

huit

jeetati

9

neuf

jeenay

10

dix

sappo

11

onze

sappo e goo

12

douze

sappo e ɗiɗi

13

treize

sppo e tati

14

quatorze

sappo e nay

15

quinze

sappo e joy

16

seize

sappo e jeegom

17

dix-sept

sappo e jeeɗiɗi

18

dix-huit

sappo e jeetati

19

dix-neuf

sappo e jeenay

20

vingt

noogas

100

cent

teemedere

1.000

mille

ujunere

1.000.000

le million

miliyonŋ

l'anglais

Angale

l'anglais américain

Angale Amerik

le chinois mandarin

Mandare Siin

le hindi

Indo

l'espagnol

Español

le français

Farayse

l'arabe

Arab

le russe

Riis

le portugais

Portige

le bengali

Bengali

l'allemand

Alma

le japonais

Sappone

je
miin

tu
ann

il / elle / ce, c', cela
kanŋko / kanŋko / kañum

nous
minen

vous
onon

ils / elles
kambe

Qui ?
holi oon?

Quoi ?
hol ɗum?

Comment ?
hol no?

Où ?
hol toon?

Quand ?
mande?

le nom
innde

derrière

caggal

dans

nder

devant

yeeso

au-dessus

hedde

sur

dow

en-dessous

les

à côté de

sara

entre

hakkunde

le lieu

nokku